昆虫の模様切り紙

Insect's cutting paper

吉浦亮子
Yoshiura Ryoko

世界の昆虫大集合！

さまざまな昆虫たちが
ゆらーり、ゆらりと気持ちよさそう

モビールと影のコントラストが幻想的な空間に

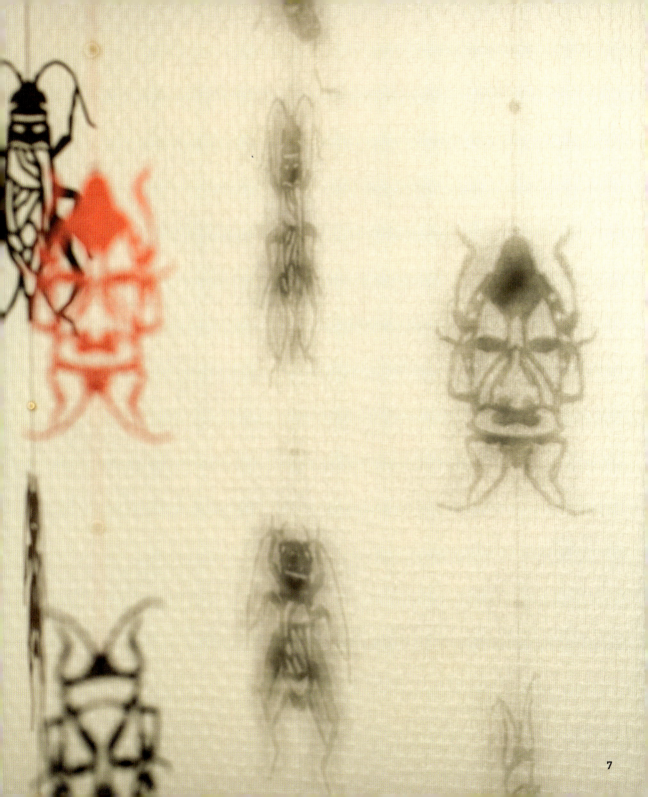

昆虫はやっぱり標本箱でコレクションしたい

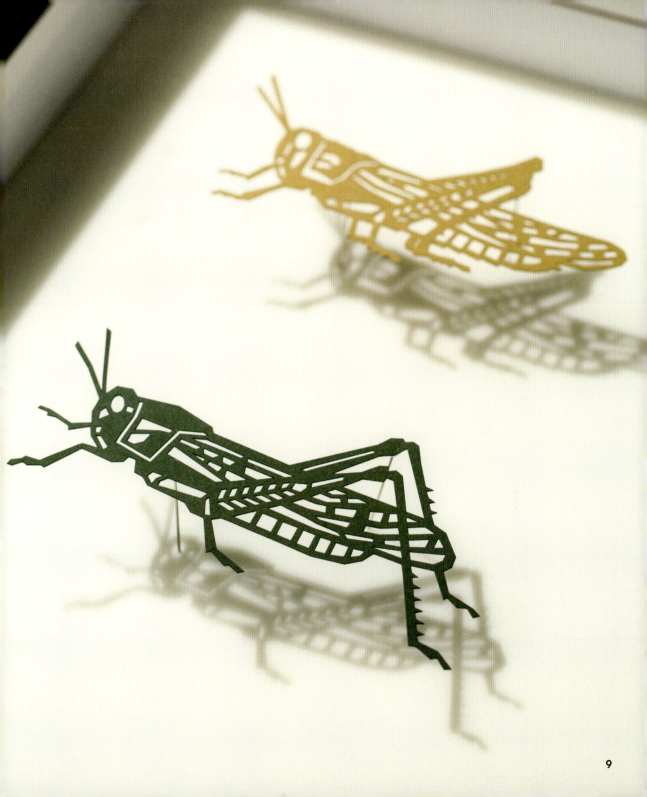

はじめに

もともとは体操を学びに行ったデンマークで
出会った切り紙モビール作り。
あれから20年近くの月日が流れました。

今回のテーマは「昆虫」。

子どものころの私は、家の庭の木についた虫を袋いっぱいに集めるのが
好きな虫ガールだったそうですが、
すっかり虫に弱くなった今、
こんなかたちで虫と向き合うときがくるなんて
不思議なものです。

見つめれば見つめるほど
神秘的なフォルムに魅せられ、
私の中に眠っていた虫熱に火がついたような気がします。

そんな中、生まれた切り紙の昆虫たち。

実際はとても小さな虫たちも
何倍にも拡大して、表現しました。
空想の模様を加えたものもあります。

標本箱に入れれば、昆虫採集に行って来たような気分を味わえます。
また、さまざまな虫をつないでモビールにすれば、
壁に影となって幻想的な虫の世界が映し出されます。
解説文もついて、読んでも楽しい
まるで新ジャンルの昆虫図鑑。

読んで、作って、飾って、切り紙昆虫の世界を
お楽しみいただけましたら幸いです。

吉浦亮子

昆虫の模様切り紙

Insect's cutting paper

contents

11 はじめに
16 この本の使い方

甲虫の仲間

18 ミヤマクワガタ
19 ノコギリクワガタ
20 メンガタクワガタ
20 モゼルオウゴンオニクワガタ
22 ツノカブト
23 コカブト
24 ヒョウモンコガネカブト
26 スジコガネ
26 ヒジリタマオシコガネ
27 コガネハムシ
28 ゲンジボタル
28 オオオバボタル
28 ヒメボタル
30 アサギカタゾウムシ
31 クサリカタゾウムシ
32 ホウセキカタゾウムシ
33 カンターハデミドリカミキリ
34 ゴマダラカミキリ
34 シロスジカミキリ
36 オオコブカブリモドキ
37 オオルリオサムシ

＊本書のなかには『蝶の模様切り紙』に掲載した作品の一部を再掲載しています。

38	バイオリンムシ
40	ナミテントウ
42	ナナホシテントウ
42	オオテントウ
43	カメノコテントウ
43	ヒメカメノコテントウ
44	カナブン
45	ホシボシツノカナブン
46	ムネモンケブカフトタマムシ
46	オオツヤタマムシ
48	ハンミョウ
49	コニワハンミョウ
50	オオツチハンミョウ
50	キオビゲンセイ
52	ツキノワヘリカメムシ
53	ヒゲビロヘリカメムシ
53	アカスジキンカメムシ
54	オオコノハムシ
56	オトシブミ
57	ゴマダラオトシブミ
58	オオカノコマダガスカルハナムグリ
59	シロモンツノハナムグリ
60	ゲンゴロウ♂♀
61	シマゲンゴロウ

直翅目などの仲間

64	コカマキリ
65	キリギリス
66	クビキリギス
67	オンブバッタ
67	ショウリョウバッタ
69	クルマバッタ
69	ツチイナゴ
70	ヒシバッタ
72	エンマコオロギ
73	ヅヅレサセコオロギ
73	ミツカドコオロギ
76	スズムシ

蝶の仲間

80	カラスアゲハ
81	キアゲハ
81	ミカドアゲハ
81	オオオビモンアゲハ
81	キルヌスタイマイ
82	ウスバシロチョウ
82	キタテハ
83	マドタテハ
83	ヒオドシチョウ

昆虫の模様切り紙
Insect's cutting paper

contents

- 84 オオムラサキ
- 84 コノハチョウ
- 85 オオカバマダラ
- 87 アサギマダラ
- 87 ホソバオオゴマダラ
- 88 アサギマネシジャノメ
- 88 ミヤマアカネカザリシロチョウ
- 89 ベニシジミ
- 90 ビロードセセリ
- 90 キプリスモルフォ
- 91 フクロウチョウ
- 92 カシワマイマイ

その他の虫

- 94 オニヤンマ
- 95 ウスバカゲロウ
- 96 クマゼミ
- 96 アブラゼミ
- 97 ハナアブ
- 98 オウシュウハナダカバチ
- 98 オオスズメバチ
- 100 クロナガアリ
- 100 クロオオアリ
- 102 ナンベイオオタガメ
- 103 ジンメンカメムシ
- 104 サカダチコノハナナフシ

Column
106 クモは昆虫の仲間ではありません！
　　クモの巣
　　コガネグモ
　　ジョロウグモ
　　ヒラタグモ

108 必要な基本の道具
109 紙のこと
110 昆虫の模様切り紙の作り方

113 **コピーして使える型紙集**

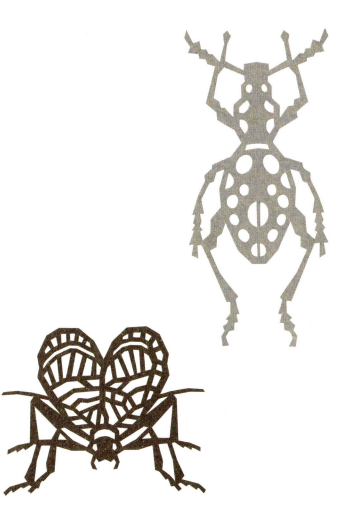

この本の使い方

1. この本で紹介している番号がついている作品はすべて109ページで紹介している厚手の紙で作っています。113ページからの型紙をコピーして、カッターで作品を切りましょう。切り方の基本については110ページを参照してください。型紙は原寸大ではないので、自分が作りたい大きさに合わせて自由に拡大・縮小してください。型紙は大きいほうが切りやすくなります。

2. 作品はサイズが小さいほど、切るのが難しくなります。切り紙をはじめて作る人は、型紙を拡大コピーして作ってみましょう。慣れたら、小さいサイズにして、さまざまな大きさの昆虫の模様作りに挑戦してみてください。

3. 型紙は白い部分を切り、黒い部分を残すようにして切りましょう。

4. 各作品には昆虫の分類（目名と科名）や生息する分布域、簡単な特徴などを明記しています。昆虫の模様切り紙を楽しむとともに、昆虫についても詳しくなれます。

5. 昆虫の模様切り紙は、モビールにして楽しむこともできますが、蝶は吊るすと傾きますので、下にビーズなどをつけたひもを追加して飾るとバランスがとれます。また、左右対称になっていない横向きの昆虫を吊るすときは、バランスのとれる重心点を探してください。

甲虫の仲間

甲虫は昆虫界最大のグループで、多くの科に分けられ、さまざまな形態をしています。基本的には頑丈な体をもち、かたい前翅が腹部を覆っているのが特徴です。

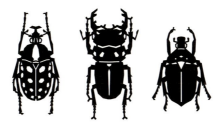

001

ミヤマクワガタ
型紙 p.113,130

コウチュウ目クワガタムシ科。分布は国内では北海道、本州、四国、九州。いかにも、クワガタらしい風貌から昔から人気のあるクワガタムシ。

002

ノコギリクワガタ
型紙 p.113,130

コウチュウ目クワガタムシ科。分布は国内では北海道、本州、四国、九州。オスの大顎の内側にノコギリのように歯がたくさん並んでいる。

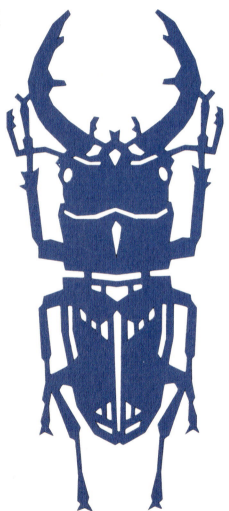

003

メンガタクワガタ
型紙 p.113, 130

コウチュウ目クワガタムシ科。分布はアフリカ西から中部。熱帯雨林にすむ。頭部のひらたい形と模様が人の顔に似ていることからこの名前になったとか。

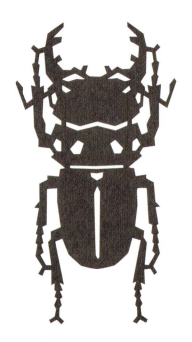

004

モゼルオウゴン
オニクワガタ
型紙 p.113, 130

コウチュウ目クワガタムシ科。分布はマレー半島、タイ南から中西部。標高1000m以上の落葉樹林に生息する。全身が黄金色の外骨格に覆われている。

サークル内に集まってこれから始まる昆虫会議

005

ツノカブト
型紙 p.114, 130

コウチュウ目コガネムシ科。分布は日本、朝鮮半島、中国。日本を代表するカブトムシ。雑木林にいることが多い。

006

コカブト
型紙 p.114, 131

コウチュウ目コガネムシ科。分布は国内では北海道、本州、四国、九州、奄美大島、沖縄諸島、八重島諸島。樹液ではなく、虫や死肉を食べる。

007

ヒョウモンコガネカブト
型紙 p.114,131

コウチュウ目コガネムシ科。分布はコロンビア、ブラジル、ボリビア。ツノカブトやコカブトより小さいカブトムシの仲間。

月夜の中をガサガサ、ゴソゴソ……

008

スジコガネ
型紙 p.114,131

コウチュウ目コガネ科。分布は国内では北海道、本州、四国、九州、対馬、トカラ諸島。針葉樹の葉を好む。オオスジコガネより光沢が鈍い。

009

ヒジリ
タマオシコガネ
型紙 p.114,131

コウチュウ目コガネ科。分布はユーラシア、アフリカ。糞塊を丸め、後ろ向きに後ろ足で転がし、地面に掘った穴に運び込み、卵を産み付ける。

010

コガネハムシ

型紙 p.115,131

コウチュウ目ハムシ科。分布は東南アジア、オーストラリア、アフリカなど。ハムシの仲間では大型で重厚。雄の後脚は長く、腿節が太い。

011

ゲンジボタル

型紙 p.114,131

コウチュウ目ホタル科。分布は国内では本州、四国、九州、対馬。日本でホタルといえばこのホタルをさす。オスとメスで発光する強さが違う。

012

オオオバボタル

型紙 p.114,131

コウチュウ目ホタル科。分布は国内では本州、四国、九州。体長と同じくらいの大きな触角をもち、赤斑は地域ごとに変化があり、とても美しい。

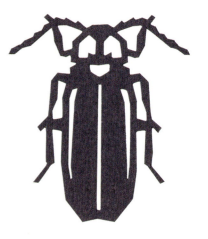

013

ヒメボタル

型紙 p.114,131

コウチュウ目ホタル科。分布は国内では本州、四国、九州、屋久島。ホタルといえば清流を連想するが、陸生で森林内に生息することが多い。

ホタルの光、輝き合戦

014
アサギカタゾウムシ
型紙 p.115,131

コウチュウ目ゾウムシ科。分布はフィリピン・ルソン島。菊家紋に似た水玉に縁取りの模様がある。

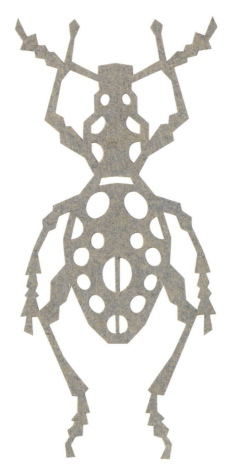

015

クサリカタゾウムシ

型紙 p.115,131

コウチュウ目ゾウムシ科。分布はフィリピン・ルソン島。縦と横に伸びる線が石を積み上げたように見える。光沢があるものとないものがある。

016
ホウセキカタゾウムシ
型紙 p.115,132

コウチュウ目ゾウムシ科。分布はフィリピン・ルソン島。大小の円が重なった蛇の目紋の模様がある。

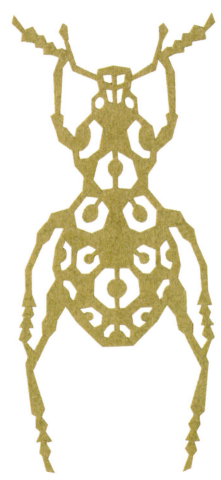

017
カンターハデミドリカミキリ
型紙 p.115,132

コウチュウ目カミキリムシ科。分布はタイなど。つかまえると独特のにおいを出す。脚のつま先の部分だけ、つや消しになっている。

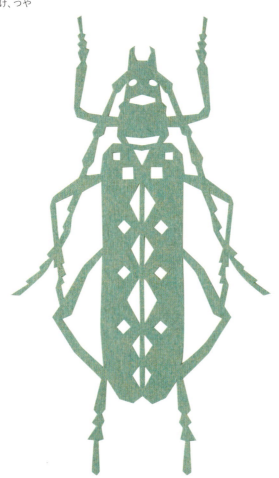

018

ゴマダラカミキリ
型紙 p.115, 132

コウチュウ目カミキリムシ科。分布は国内では、北海道、本州、四国、九州、対馬、種子島など。日本で最もよく知られたカミキリムシ。

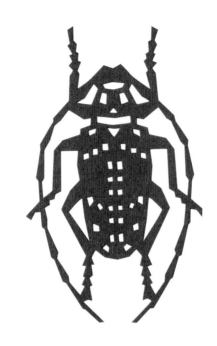

019

シロスジカミキリ
型紙 p.116, 132

コウチュウ目カミキリムシ科。分布は国内では本州、四国、九州。体の縦すじ模様が晩年になると色が抜け、死ぬと完全に白くなる。

小さくても大きい2匹に挑む⁉

020
オオコブカブリモドキ
型紙 p.116, 132

コウチュウ目オサムシ科。分布は中国。
岩手県の伝統工芸品である南部鉄器
のような凹凸が特徴的。

021
オオルリオサムシ
型紙 p.116, 132

コウチュウ目オサムシ科。分布は国内では北海道。全体が金緑色、頭胸部が赤銅色、上翅が銅色や青紫色などさまざまな色のものがいる。

022

バイオリンムシ
型紙 p.116,132

コウチュウ目オサムシ科。分布は東南アジア。特異な形態をした熱帯性の虫。体形がうちわに似ていることから、うちわ虫とも呼ばれる。

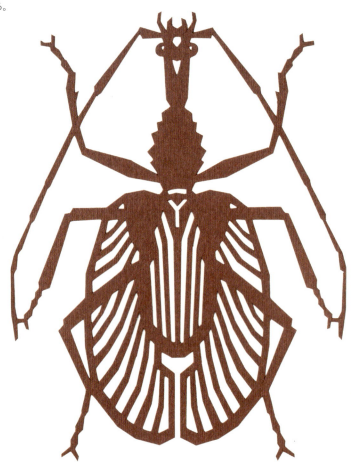

粋な名前のバイオリンムシ

ナミテントウ

コウチュウ目テントウムシ科。分布は国内では北海道、本州、四国、九州、南西諸島。日本で最も目にするテントウムシ。アブラムシを食べる。

023
型紙 p.117,132

024
型紙 p.117,132

025
型紙 p.117,132

026
型紙 p.117,133

027
型紙 p.117,133

028
型紙 p.117,133

029
型紙 p.117,133

030

ナナホシテントウ
型紙 p.117, 133

コウチュウ目テントウムシ科。分布は国内では北海道、本州、四国、九州、南西諸島。赤い前翅に七つの黒い斑点が鮮やかで美しい。

031

オオテントウ
型紙 p.117, 133

コウチュウ目テントウムシ科。分布は国内では本州、四国、九州。日本一大きいテントウムシ。濡れているような光沢があり、希少種。

032

カメノコテントウ
型紙 p.117,133

コウチュウ目テントウムシ科。分布は国内では北海道、本州、四国、九州。大型のテントウムシ。上翅は黒色に特徴的な赤い斑点がある。

033

ヒメカメノコ テントウ
型紙 p.117,133

コウチュウ目テントウムシ科。分布は国内では北海道、本州、四国、九州、南西諸島。亀の甲羅を思わせる模様をした小型のテントウムシ。

034

カナブン
型紙 p.118,133

コウチュウ目コガネムシ科。分布は国内では北海道、本州、四国、九州、沖縄諸島、久米島、口永良部島。名前の「ブン」はブンブン飛ぶ虫という意味。

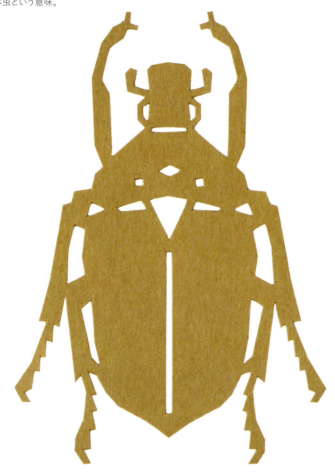

035
ホシボシツノカナブン
型紙 p.118,133

コウチュウ目コガネムシ科。分布はタンザニア北東部、ケニア南東部。小さなカナブンで黒い翅に大きな赤黄色の水玉模様がある。

036

ムネモンケブカ フトタマムシ
型紙 p.118, 134

コウチュウ目タマムシ科。分布はパキスタンなど。全身に凹凸があり、凹部には短い毛が生えている。

037

オオツヤタマムシ
型紙 p.118, 134

コウチュウ目タマムシ科。分布は南米。緑色の金属のような光沢が特徴的で、死後もその輝きを損なわない。

038

ハンミョウ
型紙 p.118, 134

コウチュウ目ハンミョウ科。分布は国内では本州、四国、九州、対馬、南西諸島など。日当たりのよい砂地で見られる。鮮やかな色彩が美しい。

039

コニワハンミョウ
型紙 p.118,134

コウチュウ目ハンミョウ科。分布は国内では北海道、本州、四国、九州。光沢がなく、上翅に白色紋がある。そばを通りかかる虫を食べる。

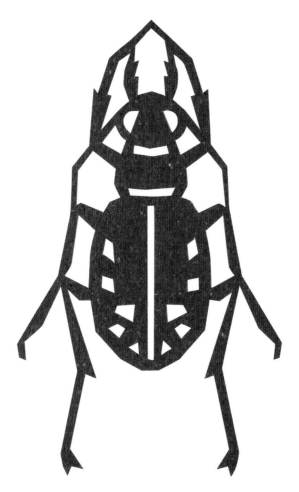

040

オオツチハンミョウ
型紙 p.119,134

コウチュウ目ツチハンミョウ科。分布は国内では北海道、本州、四国。春先に畑周辺の草むらなどで見かける。体内に猛毒を含む。

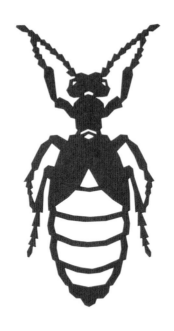

041

キオビゲンセイ
型紙 p.119,134

コウチュウ目ツチハンミョウ科。分布は中国など。猛毒だが、中国では利尿剤や膿みだしのための漢方薬として、微量に摂取することがある。

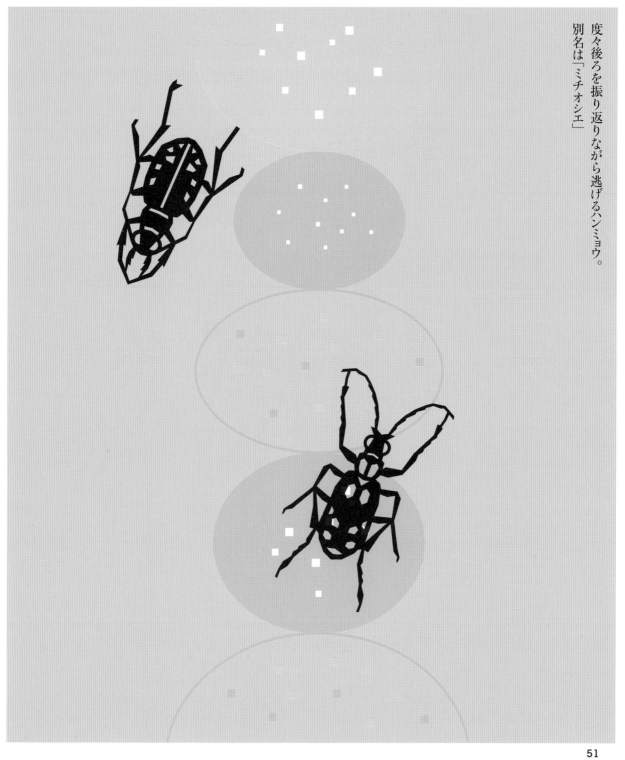

度々後ろを振り返りながら逃げるハンミョウ。別名は「ミチオシエ」

042

ツキノワヘリカメムシ
型紙 p.119, 134

カメムシ目ヘリカメムシ科。分布はマレー半島など。鎧をまとったような容姿が特徴的。胸から前方に突き出た角にはとげがある。

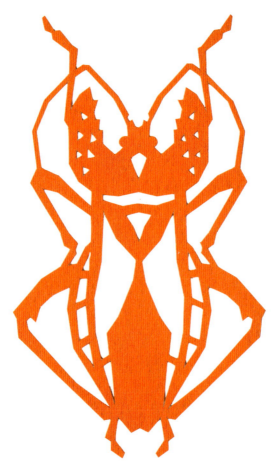

043

ヒゲビロヘリ
カメムシ
型紙 p.119,134

カメムシ目ヘリカメムシ科。分布はマレー半島など。触角の一部が広がっている。

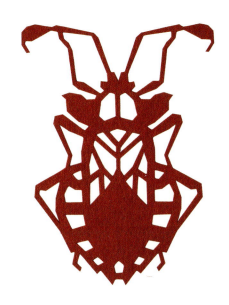

044

アカスジキン
カメムシ
型紙 p.120,134

カメムシ目キンカメムシ科。分布は国内では本州、四国、九州。艶のある緑色の体に赤い筋の模様がある。体長は18㎜ほどでカメムシのなかでは大きめ。

045

オオコノハムシ
型紙 p.119,134

ナナフシ目コノハムシ科。分布はマレー半島。体長約100㎜とコノハムシのなかでは最大。個体により、色や模様が異なる。

本人たちは木の葉になったつもり

046

オトシブミ
型紙 p.120,135

コウチュウ目オトシブミ科。分布は国内では本州、四国、九州。中型から小型の昆虫で、体は頑丈で厚みがある、いわゆるゾウムシ類の姿。

047

ゴマダラオトシブミ
型紙 p.120,135

コウチュウ目オトシブミ科。分布は国内では北海道、本州、四国、九州。黄褐色の小さな体に黒い小さな点があるが、上翅全体が黒いものもいる。

048

オオカノコマダガスカルハナムグリ

型紙 p.120, 135

コウチュウ目コガネムシ科。分布はマダガスカル。マダガスカルでしか見られないような独特の色合や模様をもっている。

58　甲虫の仲間

049

シロモンツノハナムグリ

型紙 p.120,135

コウチュウ目コガネムシ科。分布はアフリカ中央部と西部。美しい色彩と艶があり、ちょっと変わった角状の頭飾りがついている。

ゲンゴロウ

コウチュウ目ゲンゴロウ科。分布は国内では北海道、本州、四国、九州。日本最大級の水生昆虫。肉食性で、弱った小魚や昆虫などを食べる。

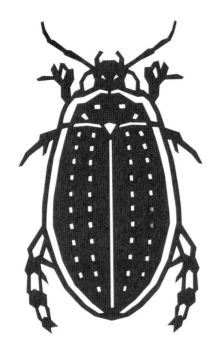

050

♂
型紙 p.120,135

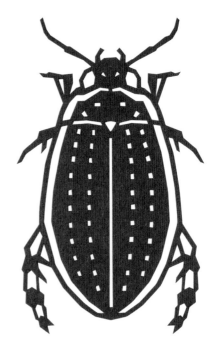

051

♀
型紙 p.121,135

052

シマゲンゴロウ

型紙 p.121,135

コウチュウ目ゲンゴロウ科。分布は国内では北海道、本州、四国、九州、トカラ列島。筋模様が美しいゲンゴロウ。全国で普通に見られる。

直翅目などの仲間

バッタ、キリギリス、コオロギなど後ろ脚が発達し、よく跳ねる直翅目の仲間を集めました。

053

コカマキリ
型紙 p.121

カマキリ目カマキリ科。分布は国内では本州、四国、九州、南西諸島。小型のカマキリ。カマの内側にクリーム色の目玉模様がある。

054

キリギリス
型紙 p.121

バッタ目キリギリス科。分布は国内では本州、四国、九州。日本で鳴く虫の代表の一つとしてよく知られている。緑色と褐色の両方が存在する。

055

クビキリギス
型紙 p.121, 135

バッタ目キリギリス科。分布は国内では日本全土。4月頃から夜に、鋭い声でジィーンと続けて鳴く。緑色型と褐色型、まれに紅色型も出現する。

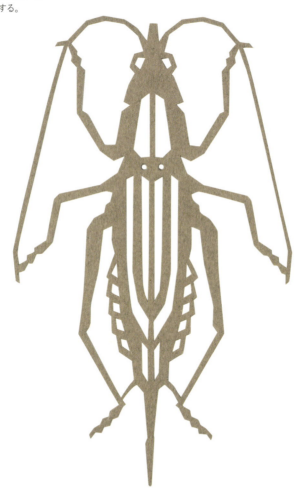

056

オンブバッタ
型紙 p.122

バッタ目オンブバッタ科。分布は国内では日本全土。メスがオスをおんぶする。オスは他のオスにメスをとられないよう、背中に乗って確保している。

057

ショウリョウバッタ
型紙 p.121

バッタ目バッタ科。分布は国内では北海道、本州、四国、九州、南西諸島。オスよりメスのほうが大型。飛ぶときにチキチキという音を出す。

この中で幸せオーラを出しているのは？

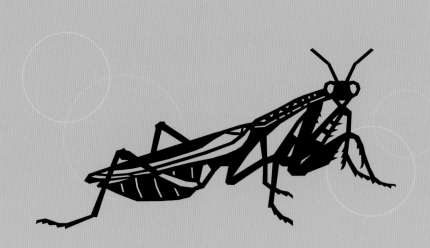

058

クルマバッタ

型紙 p.122

バッタ目バッタ科。分布は国内では本州、四国、九州、南西諸島。トノサマバッタに似ているが、トノサマバッタほど長距離は飛ばない。

059

ツチイナゴ

型紙 p.122

バッタ目イナゴ科。分布は国内では本州、四国、九州、沖縄。全身が褐色で細かい毛が生えている。目の下に涙のような模様がある。

ヒシバッタ

バッタ目ヒシバッタ科。分布は国内では日本全土。どこにでも見られる普通種で、よく飛び跳ねる。体色や模様に変異がある。

060

型紙 p.122, 135

061

型紙 p.122, 135

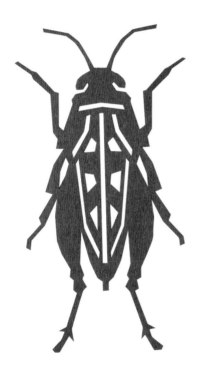

062

型紙 p.122,136

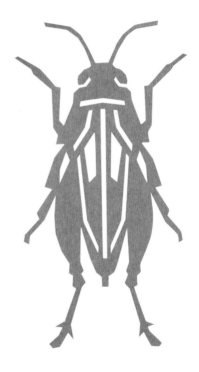

063

型紙 p.123,136

064

エンマコオロギ

型紙 p.123, 136

バッタ目コオロギ科。分布は国内では北海道、本州。日本に生息するコオロギの中でも大きいほう。オスは前翅をこすり合わせてコロコロリーと鳴く。

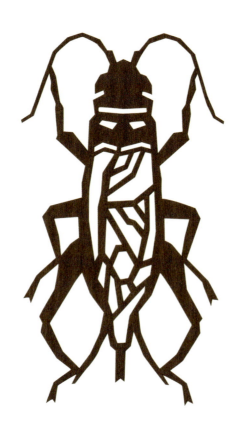

065

ヅヅレサセ
コオロギ

型紙 p.123, 136

バッタ目コオロギ科。分布は国内では北海道、本州、四国、九州、対馬、種子島。畑や庭、草地で見られ、リーリーリーと盛んに鳴く。

066

ミツカドコオロギ

型紙 p.123, 136

バッタ目コオロギ科。分布は国内では本州、四国、九州。オスの頭は両側が角状に突き出している。リッリッリッリッと鋭く鳴く。

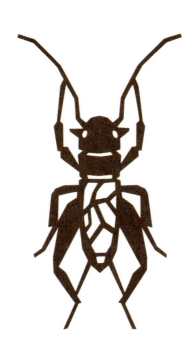

それぞれがそれぞれの目的に向かって……

スズムシ

バッタ目スズムシ科。分布は国内では北海道、本州、四国、九州、対馬、種子島、奄美大島。前翅を立てて、リーンリーンと透き通るような音色で鳴く。

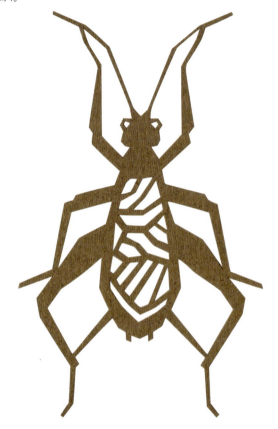

067

型紙 p.123,136

068

型紙 p.124,136

リーンリーンと鈴のような音色

直翅目などの仲間

蝶の仲間

翅や体の表面を鱗粉（りんぷん）が覆っている蝶。その色合いや模様は実にさまざまです。美しいフォルムと色彩をもった蝶の模様です。

069

カラスアゲハ
型紙 p.124, 136

チョウ目アゲハチョウ科。分布は国内では北海道から南西諸島。金緑色の鱗粉をちりばめた美しい大型のアゲハチョウ。色と模様には地域変異がある。

070

キアゲハ
型紙 p.124,136

チョウ目アゲハチョウ科。分布はヨーロッパ、アフリカ、西北シベリア、ヒマラヤ、中国、アラスカなど。海抜0〜2500mまで生息できる。

071

ミカドアゲハ
型紙 p.124,137

チョウ目アゲハチョウ科。分布は国内では本州の西日本の一部、九州全域など。1886年、蝶類研究家が鹿児島で採集し、「帝」と命名した。

072

オオオビモンアゲハ
型紙 p.124,137

チョウ目アゲハチョウ科。分布はセレベス島。前翅長が65㎜にもなる大型のアゲハチョウ。サナギは三日月型をしている。

073

キルヌスタイマイ
型紙 p.124,137

チョウ目アゲハチョウ科。分布はマダガスカル島。翅には白い斑紋が全体に散らばっていて、まだら模様になっている。

074

ウスバシロチョウ
型紙 p.125,137

チョウ目アゲハチョウ科。分布は国内では北海道、本州、四国。半透明な翅をもち、直線的にとても優雅な飛び方をする。

075

キタテハ
型紙 p.125,137

チョウ目タテハチョウ科。分布は国内では北海道、本州、四国、九州。季節型があり、夏型は黄色地、秋型になると橙色になり、縁の切れ込みも深くなる。

076

マドタテハ
型紙 p.125, 137

チョウ目タテハチョウ科。分布は朝鮮半島など。前翅の先端に楕円状に切り抜かれたような透明な窓があり、その部分には鱗粉がついていない。

077

ヒオドシチョウ
型紙 p.125, 137

チョウ目タテハチョウ科。分布は国内では日本全土。鮮やかなオレンジ色に黒い斑紋が緋縅（ひおどし）の鎧に似ていることからこの名前がついた。

078

オオムラサキ
型紙 p.125, 137

チョウ目タテハチョウ科。分布は国内では日本全土。タテハチョウの仲間では最大級の種。オスの翅は光沢のある青紫色で非常に美しい。国蝶。

079

コノハチョウ
型紙 p.125, 138

チョウ目タテハチョウ科。分布は国内では沖縄本島北部。翅の裏が枯れ葉のようだが、その模様はバラエティに富み、同じ模様は2つとない。

080

オオカバマダラ
型紙 p.125, 138

チョウ目マダラチョウ科。分布は主に北米。「迷蝶」とされ、季節風などに乗って比較的長い距離を飛び、世界各地で発見されている。

081

アサギマダラ
型紙 p.125, 138

チョウ目マダラチョウ科。分布は東アジアの温暖な地域。翅は黒地に鮮やかな浅葱色の斑紋で非常に美しい。飛翔力が抜群に高い。

082

ホソバ
オオゴマダラ
型紙 p.126, 138

チョウ目マダラチョウ科。分布はマレー半島、スマトラ島、ボルネオ島。前翅の長さが約15cmにもなる大型の種。穏やかに飛翔するのが特徴。

083

アサギマネシ
ジャノメ
型紙 p.126, 138

チョウ目ジャノメチョウ科。分布はマ
ネシヒカゲ属はスリランカからニュー
ギニア島の原生林。ほとんどの種がマ
ダラチョウに擬態している。

084

ミヤマアカネ
カザリシロチョウ
型紙 p.126, 138

チョウ目シロチョウ科。分布はヒマラ
ヤからマレー半島。

085

ベニシジミ

型紙 p.126,138

チョウ目シジミチョウ科。分布は国内では日本全土。寒さに強い種。鮮やかな紅色の地に、黒色の縁取りと斑紋のコントラストが美しい。

086

ビロードセセリ
型紙 p.126, 138

チョウ目セセリチョウ科。分布は熱帯アジアなど。日本の西表島で見つけられたという記録もある。とても速い速度で飛び回る。

087

キプリスモルフォ
型紙 p.127, 139

チョウ目モルフォチョウ科。分布は南アメリカの赤道直下の熱帯地方。体の割に翅が非常に大きく、その表面は金属のような光沢をもつ。

088

フクロウチョウ
型紙 p.126,139

チョウ目フクロウチョウ科。分布は南アメリカの熱帯地方。後翅には大きな目玉模様があり、開いた翅の裏がフクロウの顔のように見える。

089

カシワマイマイ
型紙 p.127,139

チョウ目ドクガ科。分布は国内では北海道、本州、四国、九州、対馬、屋久島、沖縄本島、沖縄諸島。木を食害し、古くから害虫として知られる。

その他の虫

これまでのグループに属さない昆虫たちです。トンボ、セミ、ハチなどの身近な昆虫から、逆さまに見ると人の顔に見えるユニークなものまで、さまざまな昆虫を集めました。

090

オニヤンマ
型紙 p.127,139

トンボ目オニヤンマ科。分布は国内では北海道、本州、四国、九州、種子島など。日本最大のトンボ。縄張りをもち、巡回していることが多い。

091

ウスバカゲロウ
型紙 p.127,139

アミメカゲロウ目ウスバカゲロウ科。分布は国内では北海道、本州、四国、九州、南西諸島。弱々しくヒラヒラと飛ぶ。幼虫の名は「アリジゴク」。

092

クマゼミ
型紙 p.128,139

カメムシ目セミ科。分布は国内では本州（関東以西）、四国、九州、対馬、南西諸島。透明の翅をもつ、黒色で大型のセミ。桜などの樹液を好む。

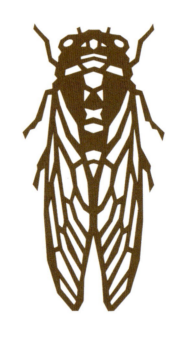

093

アブラゼミ
型紙 p.128,139

カメムシ目セミ科。分布は国内では日本全土。夏場にジリジリ鳴く、お馴染みのセミ。不透明の翅は、世界でも珍しい。

094

ハナアブ
型紙 p.128,139

ハエ目ハナアブ科。分布は国内では北海道、本州、四国、九州、沖縄。アブの仲間ではなくハエの仲間。花に飛来して蜜や花粉を食べる。

095

オウシュウハナダカバチ

型紙 p.128,140

ハチ目キングバチ科。大型でがっしりとしたハチ。頭部の先端が長く突き出ているので、ハナダカバチという名前になった。

096

オオスズメバチ

型紙 p.128,140

ハチ目スズメバチ科。分布は国内では北海道、本州、四国、九州、対馬、屋久島、種子島。猛毒をもち、人が襲われると死ぬこともある。

097

クロナガアリ
型紙 p.128,140

ハチ目アリ科。分布国内では本州、四国、九州、屋久島。収穫アリとも呼ばれている。イネ科の草が生える乾燥した草原を好み、夏場は休眠する。

098

クロオオアリ
型紙 p.128

ハチ目アリ科。分布は国内では北海道、本州、四国、九州、南西諸島。日本列島に分布するアリの中では最大のアリ。幼虫が出す蜜を餌とする。

巣づくりに夢中な働くアリたち

099
ナンベイオオタガメ
型紙 p.129,140

カメムシ目コオイムシ科。分布は南アメリカ。世界最大の水生昆虫且つ半翅最大の種で、体長は100㎜以上にも達する。

100

ジンメンカメムシ
型紙 p.129, 140

カメムシ目オオカメムシ科。分布は中国、インドネシアなど。名前のとおり逆さから見ると人の顔に見える、おもしろい見た目のカメムシ。

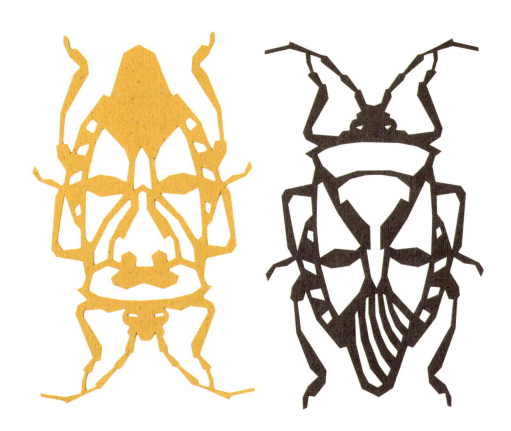

101

サカダチコノハナナフシ
型紙 p.129,140

ナナフシ目コノハムシ科。分布はマレー半島。世界一重い昆虫と呼ばれている。木から落下すると逆立ちをするため、この名がついた。

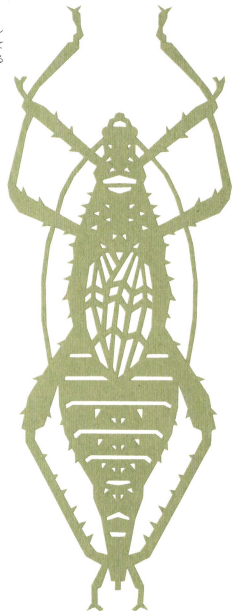

逆さまに見るとまるで力士!?

Column
クモは昆虫の仲間ではありません！

体が頭胸部と腹部の2つに分かれていて、8本脚のクモは、実は昆虫ではありません。でも、クモの巣とクモのモビールなんて、なかなかユニーク！作ってみませんか？

102
クモの巣
型紙 p.130

クモがお尻から糸を垂らし、中心から四方八方に糸を張り、さらに螺旋状に張って作る巣。ねばねばしていて、獲物を引っ掛けて捕まえる。

103
コガネグモ
型紙 p.130,140

クモ目コガネグモ科。分布は国内では本州、四国、九州、南西諸島。日本でも最もよく知られているクモの一つ。農薬に弱く激減している。

104
ジョロウグモ
型紙 p.130,141

クモ目ジョロウグモ科。分布は国内では本州、四国、九州、南西諸島。大きな網を張る最も目立つクモ。コガネグモと共によく知られている。

105
ヒラタグモ
型紙 p.130,141

クモ目ヒラタグモ科。分布は国内では本州、四国、九州、南西諸島。名前の通り扁平なクモ。人家に生息することが多く、特徴的な巣を作る。

必要な基本の道具

昆虫の模様切り紙を作るのに必要な基本の道具です。

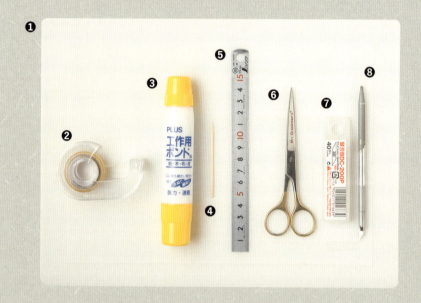

①**カッターマット**：カッターで切るときに、机などが傷つかないように使います。フェルトを重ねたり、厚紙などでも代用できます。
②**セロテープ**：型紙の図案をコピーしたものを、切り紙にする紙にとめるときに使います。
③**ボンド**：モビールを作るときに、切り紙と糸をつないだり、ビーズをくっつけるときに使います。乾くと透明になる木工用ボンドや工作用ボンドがおすすめです。
④**つまようじ**：モビールを作るときに、ボンドで貼り合わせるときに使います。ボンドは切り紙などに直接つけず、余分な紙などに一旦出してから、つまようじにつけ、その箇所につけます。
⑤**定規**：直線を切るときに使います。金定規がおすすめです。
⑥**はさみ**：コピーした紙を切ったり、外側の輪郭など単純な線を切ることもできます。
⑦⑧**カッター**：昆虫は細かい模様が多いため、普通のカッターよりも小回りがきいて曲線なども切りやすい、デザイン用カッターがおすすめです。ちょっとでも切れないと感じたら、もったいないとは思わずにすぐに新しい刃に変えましょう。作品をきれいに仕上げることにつながります。

紙のこと

切り紙は一般の折り紙はもちろん、新聞紙やちらしなどでも作ることはできますが、画用紙くらいの厚手の紙の使ったほうがある程度の重さが出て、きれいに仕上がります。また、モビールにする場合も厚手の紙のほうが、バランスがうまくとれます。ただ、厚手の紙だと、半分に折った紙に貼って切るタイプ（p.111参照）にはあまり向きません。紙が重なることによって厚みが増し、それをカッターで切るのは大変だからです。厚手の紙にもさまざまな種類があります。この本で主に使用したのは右記のような紙です。紙の専門店や大手の文房具店、画材店などで手に入れることができます。

バフン紙
四六判 180 kg
（平和紙業）

ビアペーパー
700×1000 mm 175 kg
（竹尾）

**クラシック
コルムス**
四六判 185.5 kg
（平和紙業）

**ギルバート
オックスフォード**
660×1016 mm 145 kg
（竹尾）

ビオトープGA
四六判 210 kg
（竹尾）

ディープマット
四六判 210 kg
（平和紙業）

NTラシャ
四六判 210 kg
（竹尾）

**ファースト
ヴィンテージ**
四六判 206 kg
（竹尾）

ドン
四六判 200 kg
（平和紙業）

昆虫の模様切り紙の作り方

3種類の作り方を紹介します。型紙を重ねて切る場合は、p.109で紹介したような厚手の紙が向いています。紙を手差しできる機能がついているプリンターを持っていらっしゃる方は、切る紙に直接型紙をコピーしたほうが断然切りやすいです。半分に折った紙に貼って切る場合は、普通の折り紙のような薄手の紙が向いています。

型紙を重ねて切る場合

1

型紙を普通紙にコピーし、型紙の3〜4mm外側を切り取ります。作品を作る紙の上に置いて、動かないように、まわりをセロテープでとめます。

2

中指の上からカッターの刃が出るように、親指と人差し指でカッターを持ちます。

3

型紙は白い部分を切り、黒い部分を残すようにして切っていきます。最初に、内側の模様から切っていきます。

4

内側の模様をすべて切ったら、最後に外側の輪郭を切ります。外側の輪郭を切るときは、内側に定規をあてて切ります。触覚など先の丸い部分は、カッターの刃先を使って点を打つようにして切ります。自分の切りやすい位置に型紙がくるよう、紙を回転させながら切りましょう。

切る紙に直接型紙をコピーして切る場合

※下記の型紙は線画になっていますが、本書の型紙は黒ベタになっています。

1

作品を作る紙をプリンターの手差しのところに入れ、型紙をコピーします。

2

最初に内側の模様から切っていきます。模様などをくり抜く場合は、線の外側に定規をあて、線を消すようにして切ります。

3

内側の模様をすべて切ったら、最後に外側の線を切ります。外側の線を切るときは、線の内側に定規をあてて切ります。触覚など先の丸い部分は、カッターの刃先を使って点を打つようにして切ります。自分の切りやすい位置に型紙がくるよう、紙を回転させながら切りましょう。

半分に折った紙に貼って切る場合

※下記の型紙は線画になっていますが、本書の型紙は黒ベタになっています。

1

130ページからの型紙を使います。作品を作る紙を半分に折ります。紙は型紙がのるひとまわり以上を目安にしましょう。

2

コピーした型紙の外側3〜4mmを切り取ります。紙の折り目に合わせて、動かないようにまわりをセロテープでとめます。

3

型紙の白い部分を切り、黒い部分を残すようにして切っていきます。直線部分は定規を使い、内側の模様を全部切り終わったら、外側の線を切ります。

モビールの作り方

109ページで紹介したような紙で作れば、モビールにして楽しめます。
お部屋のインテリアのアクセントになるモビールは、プレゼントにも向いています。

1

ビーズに糸を通し、つまようじの先にボンドを少しだけつけて、糸にビーズを固定させます。

2

ビーズが糸の真ん中になるよう、余分な糸を切ります。糸の長さは5〜8㎝くらい。その真ん中にビーズが固定されています。3連のモビールにする場合は、これを2本用意します。

3

上にくる昆虫の下の部分に、つまようじを使ってボンドをちょこんとつけます。

4

つまようじを使いなら糸の先をボンドの部分に置き、固定させます。いちばん上になる昆虫の先に穴をあけて糸を通して輪にして結ぶと、引っ掛けることができます。

コピーして使える
型紙集

全姿と半分に折ったときの型紙です。型紙は自分の好きな大きさに拡大・縮小コピーして使いましょう。型紙を使った切り方は110〜111ページに詳しく紹介しています。

p.18 * **001**
ミヤマクワガタ

p.19 * **002**
ノコギリクワガタ

p.20 * **003**
メンガタクワガタ

p.20 * **004**
モゼルオウゴン
オニクワガタ

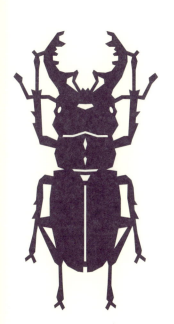

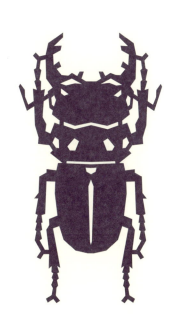

p.22 * 005
ツノカブト

p.23 * 006
コカブト

p.26 * 009
ヒジリタマオシ
コガネ

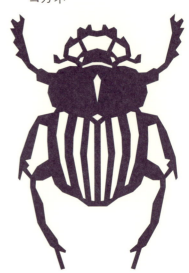

p.24 * 007
ヒョウモン
コガネカブト

p.26 * 008
スジコガネ

p.28 * 011
ゲンジボタル

p.28 * 012
オオオバボタル

p.28 * 013
ヒメボタル

p.27 * **010**
コガネハムシ

p.30 * **014**
アサギカタゾウムシ

p.31 * **015**
クサリカタゾウムシ

p.32 * **016**
ホウセキカタゾウムシ

p.34 * **018**
ゴマダラカミキリ

p.33 * **017**
カンターハデミドリカミキリ

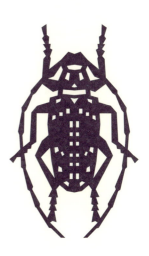

p.34 * 019
シロスジカミキリ

p.36 * 020
オオコブカブリモドキ

p.37 * 021
オオルリオサムシ

p.38 * 022
バイオリンムシ

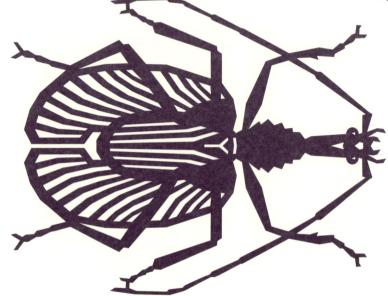

p.40 * **023**
ナミテントウ

p.40 * **024**
ナミテントウ

p.40 * **025**
ナミテントウ

p.041 * **026**
ナミテントウ

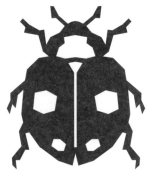

p.41 * **027**
ナミテントウ

p.41 * **028**
ナミテントウ

p.41 * **029**
ナミテントウ

p.42 * **030**
ナナホシテントウ

p.42 * **031**
オオテントウ

p.43 * **032**
カメノコテントウ

p.43 * **033**
ヒメカメノコテントウ

p.44 * **034**
カナブン

p.45 * **035**
ホシボシツノカナブン

p.46 * **036**
ムネモンケブカフトタマムシ

p.46 * **037**
オオツヤタマムシ

p.48 * **038**
ハンミョウ

p.49 * **039**
コニワハンミョウ

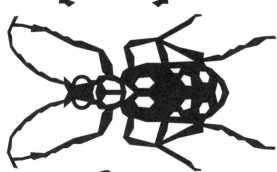

p.50 * **040**
オオツチハンミョウ

p.52 * **042**
ツキノワヘリカメムシ

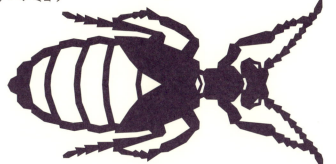

p.50 * **041**
キオビゲンセイ

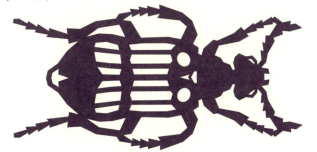

p.53 * **043**
ヒゲビロヘリカメムシ

p.54 * **045**
オオコノハムシ

p.53 ✶ **044**
アカスジキンカメムシ

p.56 ✶ **046**
オトシブミ

p.57 ✶ **047**
ゴマダラオトシブミ

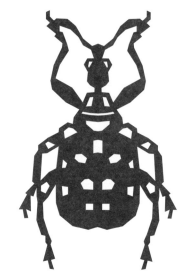

p.58 ✶ **048**
オオカノコマダガスカル
ハナムグリ

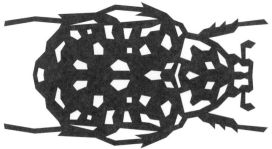

p.60 ✶ **050**
ゲンゴロウ♂

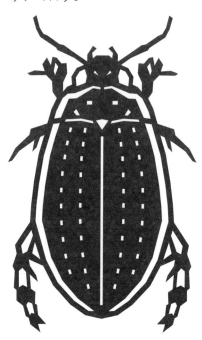

p.59 ✶ **049**
シロモンツノ
ハナムグリ

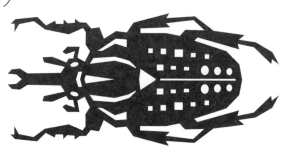

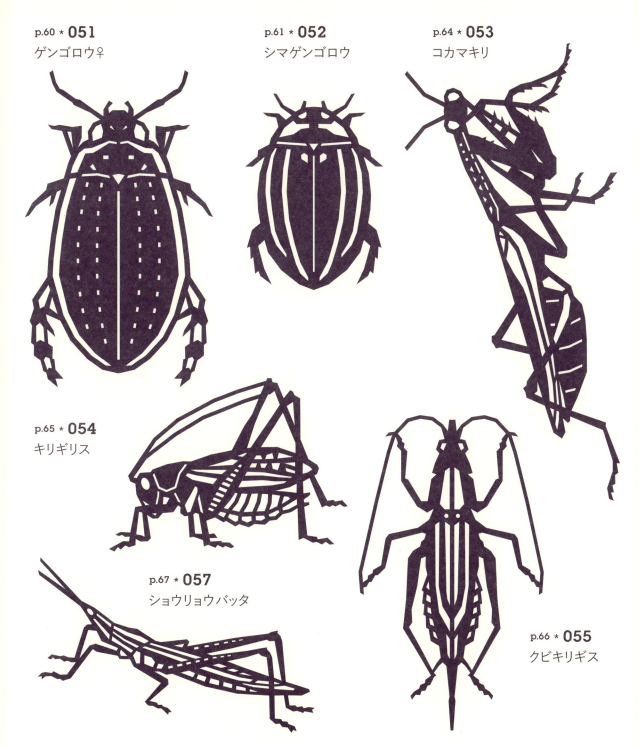

p.67 * **056**
オンブバッタ

p.69 * **058**
クルマバッタ

p.69 * **059**
ツチイナゴ

p.70 * **060**
ヒシバッタ

p.70 * **061**
ヒシバッタ

p.71 * **062**
ヒシバッタ

p.71 * **063**
ヒシバッタ

p.72 * **064**
エンマコオロギ

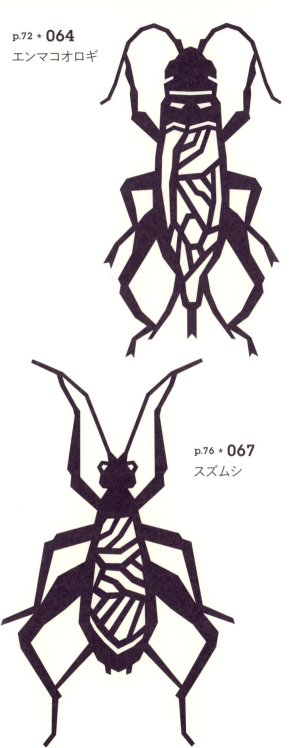

p.73 * **065**
ヅヅレサセコオロギ

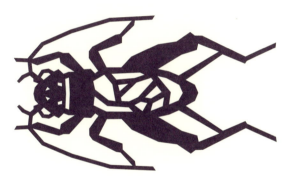

p.76 * **067**
スズムシ

p.73 * **066**
ミツカドコオロギ

123

p.82 * **074**
ウスバシロチョウ

p.82 * **075**
キタテハ

p.83 * **076**
マドタテハ

p.83 * **077**
ヒオドシチョウ

p.84 * **078**
オオムラサキ

p.84 * **079**
コノハチョウ

p.85 * **080**
オオカバマダラ

p.87 * **081**
アサギマダラ

125

p.87 * **082**
ホソバオオゴマダラ

p.88 * **083**
アサギマネシジャノメ

p.88 * **084**
ミヤマアカネカザリシロチョウ

p.89 * **085**
ベニシジミ

p.91 * **088**
フクロウチョウ

p.90 * **086**
ビロードセセリ

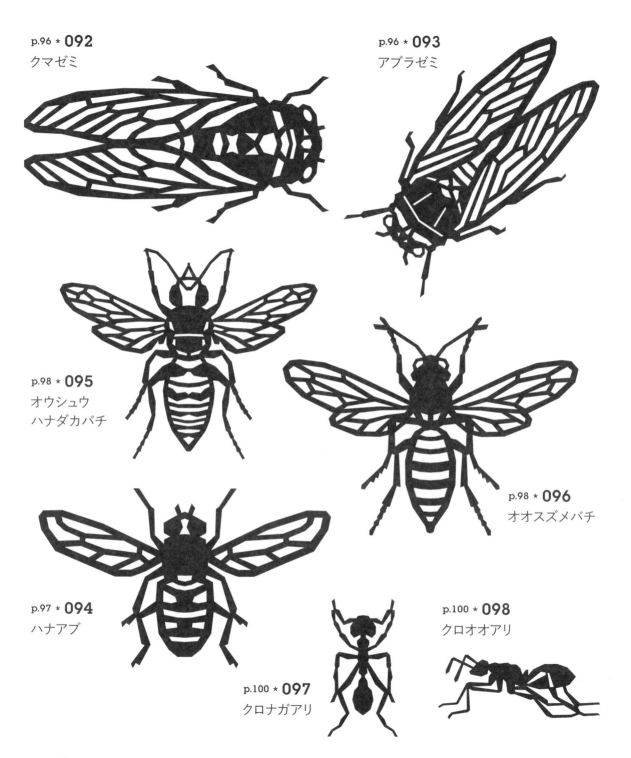

p.102 * **099**
ナンベイオオタガメ

p.103 * **100**
ジンメンカメムシ

p.104 * **101**
サカダチコノハナナフシ

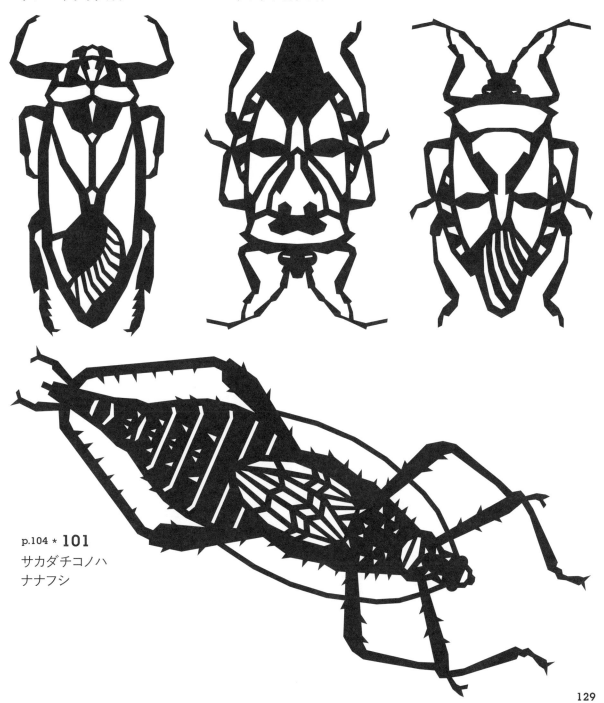

p.106 * **102**
クモの巣

穴をあける
折線をつける

折線をつける

p.106 * **103**
コガネグモ

p.106 * **104**
ジョロウグモ

p.106 * **105**
ヒラタグモ

p.18 * **001**
ミヤマクワガタ

p.19 * **002**
ノコギリクワガタ

p.20 * **003**
メンガタクワガタ

p.20 * **004**
モゼルオウゴンオニクワガタ

p.22 * **005**
ツノカブト

130　コピーして使える型紙集

p.23 * 006
コカブト

p.24 * 007
ヒョウモン
コガネカブト

p.26 * 008
スジコガネ

p.26 * 009
ヒジリタマオシ
コガネ

p.27 * 010
コガネハムシ

p.28 * 011
ゲンジボタル

p.28 * 012
オオオバボタル

p.28 * 013
ヒメボタル

p.30 * 014
アサギカタゾウムシ

p.31 * 015
クサリカタゾウムシ

p.32 * **016**
ホウセキカタゾウムシ

p.33 * **017**
カンターハデ
ミドリカミキリ

p.34 * **018**
ゴマダラカミキリ

p.34 * **019**
シロスジカミキリ

p.36 * **020**
オオコブカブリモドキ

p.37 * **021**
オオルリオサムシ

p.38 * **022**
バイオリンムシ

p.40 * **023**
ナミテントウ

p.40 * **024**
ナミテントウ

p.40 * **025**
ナミテントウ

p.41 * 026
ナミテントウ

p.41 * 027
ナミテントウ

p.41 * 028
ナミテントウ

p.41 * 029
ナミテントウ

p.42 * 030
ナナホシテントウ

p.42 * 031
オオテントウ

p.43 * 032
カメノコテントウ

p.43 * 033
ヒメカメノコテントウ

p.44 * 034
カナブン

p.45 * 035
ホシボシツノカナブン

p.46 * **036**
ムネモンケブカフト
タマムシ

p.46 * **037**
オオツヤタマムシ

p.48 * **038**
ハンミョウ

p.49 * **039**
コニワハンミョウ

p.50 * **040**
オオツチハンミョウ

p.50 * **041**
キオビゲンセイ

p.52 * **042**
ツキノワヘリカメムシ

p.53 * **043**
ヒゲビロヘリカメムシ

p.53 * **044**
アカスジキンカメムシ

p.54 * **045**
オオコノハムシ

p.56 * **046**	p.57 * **047**	p.58 * **048**	p.59 * **049**	p.60 * **050**
オトシブミ	ゴマダラオトシブミ	オオカノコマダガスカルハナムグリ	シロモンツノハナムグリ	ゲンゴロウ♂

p.60 * **051**	p.61 * **052**	p.66 * **055**	p.70 * **060**	p.70 * **061**
ゲンゴロウ♀	シマゲンゴロウ	クビキリギス	ヒシバッタ	ヒシバッタ

p.71 * 062
ヒシバッタ

p.71 * 063
ヒシバッタ

p.72 * 064
エンマコオロギ
左右対称でない部分はp.123を参照して切ってください

p.73 * 065
ヅヅレサセコオロギ
左右対称でない部分はp.123を参照して切ってください

p.73 * 066
ミツカドコオロギ
左右対称でない部分はp.123を参照して切ってください

p.76 * 067
スズムシ
左右対称でない部分はp.123を参照して切ってください

p.77 * 068
スズムシ
左右対称でない部分はp.124を参照して切ってください

p.80 * 069
カラスアゲハ

p.81 * 070
キアゲハ

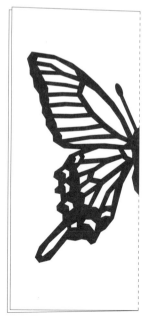

p.81 * **071**
ミカドアゲハ

p.81 * **072**
オオオビモンアゲハ

p.81 * **073**
キルヌスタイマイ

p.82 * **074**
ウスバシロチョウ

p.82 * **075**
キタテハ

p.22 * **076**
マドタテハ

p.83 * **077**
ヒオドシチョウ

p.84 * **078**
オオムラサキ

p.84 * **079**
コノハチョウ

p.85 * **080**
オオカバマダラ

p.87 * **081**
アサギマダラ

p.87 * **082**
ホソバオオゴマダラ

p.88 * **083**
アサギマネシジャノメ

p.88 * **084**
ミヤマアカネカザリ
シロチョウ

p.89 * **085**
ベニシジミ

p.90 * **086**
ビロードセセリ

p.90 * **087**
キプリスモルフォ

p.91 * **088**
フクロウチョウ

p.92 * **089**
カシワマイマイ

p.94 * **090**
オニヤンマ

p.95 * **091**
ウスバカゲロウ

p.96 * **092**
クマゼミ

p.96 * **093**
アブラゼミ

p.97 * **094**
ハナアブ

p.98 ＊ **095**
オウシュウ
ハナダカバチ

p.98 ＊ **096**
オオスズメバチ

p.100 ＊ **097**
クロナガアリ

p.102 ＊ **099**
ナンベイオオタガメ
左右対称でない部分はp.129を参照して
切ってください

p.103 ＊ **100**
ジンメンカメムシ

p.103 ＊ **100**
ジンメンカメムシ
左右対称でない部分はp.129を参照して
切ってください

p.104 ＊ **101**
サカダチコノハナナフシ
左右対称でない部分はp.129を参照して
切ってください

p.106 ＊ **103**
コガネグモ

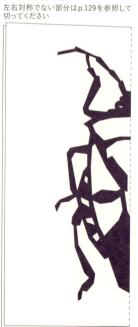

p.106 * **104**
ジョロウグモ

p.106 * **105**
ヒラタグモ

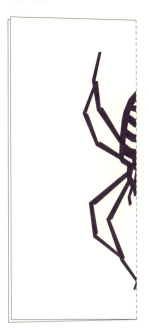

吉浦亮子
Ryoko Yoshiura

岩手県生まれ。1997年自由学園女子最高学部卒業後、デンマークオレロップ体育アカデミーに留学。そのときのホームステイ先で切り紙のモビールと出会い、帰国後デンマークモビールを基調としたデザインを三浦滉平氏に師事。2001年代官山ギャラリーオリーブにて第1回目の個展を開催。現在は、ペーパー・カッティング・アートのブランド「Papirklip（パピアクリップ）」を主宰。デザインカッターを使って紙を丁寧に切り出し、糸でつなぐモビールを中心に制作する。動物、昆虫、鳥、人物など、制作するモチーフは豊富。ファッションブランドやインテリアショップなどのクリスマス装飾でも活躍。著書に『雪の模様切り紙』『蝶の模様切り紙』『花の模様モビール』（すべて誠文堂新光社）などがある。

Staff
装丁・デザイン◆望月昭秀（NILSON）
撮影◆深澤慎平
編集協力◆齋藤天晴
編集◆土田由佳

参考文献
『フィールドガイド 身近な昆虫識別図鑑』（誠文堂新光社）／『昆虫観察図鑑』（誠文堂新光社）／『世界の昆虫』（学習研究社）／『小学館の図鑑NEO 昆虫』（小学館）／『ときめくチョウ図鑑』（山と渓谷社）／『世界のカブトムシ』『世界のクワガタムシ』『世界のふしぎな虫 おもしろい虫』（アリス館）／『ファーブル昆虫記』（集英社文庫）／『きらめく甲虫』（幻冬舎）

虫のことがもっと知りたくなる解説付き

昆虫の模様切り紙
こんちゅう　もようきがみ

2016年4月16日　発行

NDC754.9

著　者　吉浦亮子
　　　　よしうらりょうこ
発行者　小川雄一
発行所　株式会社 誠文堂新光社
　　　　〒113-0033 東京都文京区本郷3-3-11
　　　　（編集）電話03-5805-7285
　　　　（販売）電話03-5800-5780
　　　　http://www.seibundo-shinkosha.net/

印刷・製本　図書印刷 株式会社

©2016, Ryoko Yoshiura.

Printed in Japan
検印省略
禁・無断転載

落丁・乱丁本はお取り替え致します。

本書のコピー、スキャン、デジタル化等の無断複製は、著作権法上での例外を除き、禁じられています。本書を代行業者等の第三者に依頼してスキャンやデジタル化することは、たとえ個人や家庭内での利用であっても著作権法上認められません。

R〈日本複製権センター委託出版物〉本書を無断で複写複製（コピー）することは、著作権法上での例外を除き、禁じられています。本書をコピーされる場合は、事前に日本複製権センター（JRRC）の許諾を受けてください。
JRRC〈http://www.jrrc.or.jp/ E-mail: jrrc_info@jrrc.or.jp〉
電話03-3401-2382

ISBN978-4-416-51656-0

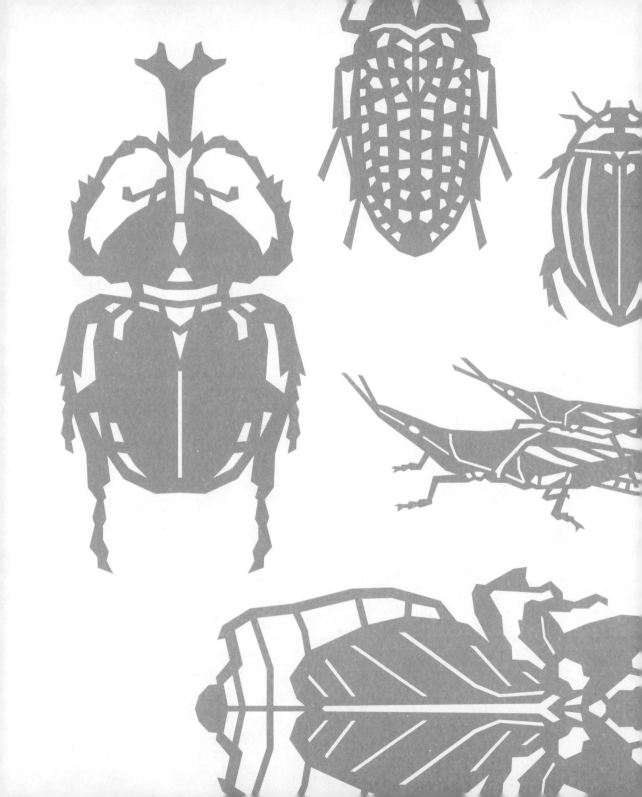